AF204247

Barbara von Stryk wurde bei der NRZ zur Redakteurin ausgebildet und studierte anschließend Sprache und Schauspiel. Neben künstlerischen Projekten ist sie in der Aus- und Fortbildung tätig und arbeitet als Sprach- und Atemtherapeutin in Baden-Württemberg und der Schweiz.

Evelyne Golombek war im Erstberuf als Diplom-Sozialpädagogin in Berlin tätig, studierte danach Kunsttherapie und arbeitet seit nunmehr 30 Jahren als Kunsttherapeutin, Supervisorin und Dozentin in Süddeutschland.

Barbara von Stryk

Palmström
und Coronas Wellen

Mit Zeichnungen
von Evelyne Golombek

© 2021 Barbara von Stryk
Illustration: Evelyne Golombek
Verlag & Druck: tredition GmbH, Halenreie 40-44,
22359 Hamburg
ISBN: 978-3-347-30221-1 (Paperback)
       978-3-347-30222-8 (Hardcover)
       978-3-347-30223-5 (e-Book)

Das Werk, einschließlich seiner Teile, ist urheberrechtlich geschützt. Jede Verwertung ist ohne Zustimmung des Verlages und des Autors unzulässig. Dies gilt insbesondere für die elektronische oder sonstige Vervielfältigung, Übersetzung, Verbreitung und öffentliche Zugänglichmachung.
Bibliografische Information der Deutschen Nationalbibliothek: Die Deutsche Nationalbibliothek verzeichnet diese Publikation in der Deutschen Nationalbibliografie; detaillierte bibliografische Daten sind im Internet über http://dnb.d-nb.de abrufbar.

Dieses Buch ist den unzähligen gesunden und symptomfreien Menschen gewidmet, die vor den Trümmern ihrer Existenz, ihrer Hoffnungen und Träume stehen...

Durchdringe dich mit Phantasiefähigkeit, habe den Mut zur Wahrheit, schärfe dein Gefühl für seelische Verantwortlichkeit.

Rudolf Steiner

Vorwort

Die Konfrontation mit dem Virus hat sich weltweit tief und nachhaltig in unsere Gesellschaft und Kultur eingegraben. Sie beherrscht unser Denken, spaltet die Gemeinschaft, verunsichert und lähmt. Wohl die wenigsten Menschen haben sich vor einem Jahr vorstellen können, dass die Corona-Krise so lange andauern, und die Maßnahmen sich immer mehr etablieren würden. Auch ich war davon ausgegangen, dass sich mit dem ersten Band der *Virologie in Versen* die Thematik erschöpft hätte. Die zunehmende Verschärfung der Situation und die unerwartet große und positive Resonanz der Leser mit der Bitte um eine Fortsetzung, haben mich dann doch wieder zu Stift und Papier greifen lassen.

Wieviel Ironie und Humor verträgt eigentlich ein Geschehen, das so viel Leid über die Menschheit gebracht und von beiden Seiten Opfer eingefordert hat? Erich Kästner nennt den Humor *„den Regenschirm der Weisen"*, Joachim Ringelnatz *„den Knopf, der verhindert, dass uns der Kragen platzt."* Bei Ereignissen, mit denen wir nur schwer fertig werden, und die uns fassungslos machen, können Übertreibungen und das Ausmalen absurder Zustände ein bewährtes Mittel sein, sich zu schützen und zu befreien. Die Liebenswürdigkeit Palmströms und die Genialität seines Freundes Korf mögen daran erinnern, dass auch Lachen gesund und trotz allem empfehlenswert ist.

Christian Morgenstern, zu dessen Galgenliedern seine Palmström-Erfindungen gehören, schreibt über diese Dichtungen erstaunlich aktuelle Worte:

„Wenn diese zwei, drei Büchelchen, die für mich ja doch bloß Beiwerkchen, Nebensachen bedeuten, nur ein bisschen geistige Leichtigkeit, Heiterkeit, Freiheit verbreiten, die Phantasie beleben, nur ein bisschen von der im Posthorn gefrorenen Musik der Seele wieder auftauen, so ist es genug. Sie sollen Entspannung bringen in einer Zeit, in der die Menschen von den Gelehrten nur Parolen empfangen, die nur in eine Sackgasse führen."

Es ist unschwer zu erkennen, dass die kleinen Vers-Geschichten zu einem großen Teil auf der Chronologie der Ereignisse beruhen: den Jahresfesten, politischen Entscheidungen und den jeweils neuen Maßnahmen und deren Folgen. Zugleich sind sie aber auch beeinflusst von seelischen Stimmungsbildern - den eigenen und den mir von anderen Menschen aller Altersgruppen zugetragenen. So ist auch der zweite Band eine Verbindung von Zeitgeschichte und Tagebuch. Im Vordergrund stehen dieses Mal die verschiedenen, immer neuen Viren-Wellen, mit denen die Menschen seit Anfang 2020 konfrontiert sind, und die kein Ende nehmen wollen.

Covid-19 und seine Mutationen haben teilweise zu schweren Krankheitsverläufen geführt und den Menschen die eigene Verletzlichkeit und Sterblichkeit bewusster gemacht. Jedoch hat sich der Blick der Regierenden, der Medien und inzwischen auch von einem großen Teil der Bevölkerung mit einer gewissen Einseitigkeit auf das Infektionsgeschehen fokussiert. Das millionenfache, nicht durch Covid-19 hervorgerufene Leiden und Sterben dieser Welt, das durch die Corona-Einschränkungen noch gesteigert wurde, ist dabei mehr denn je in den Hintergrund getreten. Um Krankheit und Tod durch das Virus zu vermeiden, wurde dem Leben das genommen, was es ausmacht: seine Lebendigkeit, seine Vielfalt, Freude, Hoffnung, Bejahung, Spontanität. All dies sind Elemente, die im sozialen, kulturellen und seelischen Bereich angesiedelt sind. Sie spenden Trost und Kraft, stärken maßgeblich den Lebenswillen und das Immunsystem. Um das nackte Leben zu retten, wird bedenklich viel Zerstörung in Kauf genommen. Die vielgerühmte Solidarität bezieht sich fast ausschließlich auf die Menschen, die am Corona-Virus erkrankt, oder potentiell durch diesen gefährdet sind. Die vielen unterschiedlichen Zahlen und Berechnungen verwirren und ängstigen, da sie zumeist nicht in einem entsprechenden Kontext (zum Beispiel in Relation zur Bevölkerung der Länder) veröffentlicht und abgeglichen werden.

Mehr als 97 Prozent gesunde und symptomfreie Menschen erdulden und erleiden die Maßnahmen zur Virus-Bekämpfung, und dieses zum Teil mit großen und weitreichenden Folgen für die eigene Existenz und Gesundheit und unter gravierenden psychischen Belastungen. Besonders betroffen davon sind die Kinder und Jugendlichen, da sie offener und bildsamer sind als die Erwachsenen und viele der Ereignisse nicht einzuordnen vermögen.

Immer zahlreicher und lauter werden die Fragen nach der Verhältnismäßigkeit der Maßnahmen und werden in der Zukunft Antworten einfordern.

Von Herzen danke ich den vielen Menschen, die meine Arbeit unterstützt und gefördert haben- besonders auch Evelyne Golombek für die wunderbare, anregende Zusammenarbeit!

Nur die Weltanschauung, die nicht in toten Gedanken lebt, sondern die selber Leben ist, kann dem Leben dienen, weil dem Leben nur das Leben selbst der richtige Diener sein kann.

Rudolf Steiner

Pantoffel - Helden*

Palmström sitzt in seinen Sofakissen
Und lässt jeden Lebensmut vermissen.
Träge drücken seine Finger Knöpfe
Auf der Fernbedienung, - und die Köpfe,
Mal von Menschen, mal von seltnen Tieren,
Wabern durch den Raum in bunten Schlieren.
Um ihn stapeln sich die Cola-Dosen,
Flecken zieren seine alten Hosen,
Pizza kauend zappt er durch die Welt...
Als es plötzlich an der Türe schellt.
Korf erscheint, wie immer gut gekleidet,
So dass Palmström seine Augen meidet.
Doch der Freund erfasst mit schnellem Blick
Die Details im Raum und schrickt zurück.
„Wie", ruft er empört, „kannst du es wagen,
Ausgerechnet jetzt, in diesen Tagen
Dich aus allen Nöten auszuklinken,
Während Welt und Werte rings versinken?"
Palmström aber hat vermehrt gelesen,
Dass die Menschheit baldigst wird genesen,
Wenn ein jeder still zuhause bleibt
Und mit Nichtstun sich die Zeit vertreibt.
Denn der neue Held hat ohne Schwert
Sich als Viruskämpfer gut bewährt.

Dieser Krieg braucht weder Mut noch Messer-
Nur noch Virologen. Die sind besser.
Heldenehren wollte Palmström fühlen,
Statt sich auf den Demos zu verkühlen,
Denn dort erntet er nur Spott und Klagen.--
Doch er wird dem Lorbeerkranz entsagen,
Tapfer wie er ist, das Haus aufräumen
Und den nächsten Aufruf nicht versäumen.
So befolgt er auch des Freundes Rat
Und steigt mutig in ein kaltes Bad.
Ganz egal was neue Helden machen:
Korf und Palmström kämpfen gegen Drachen!

*Mit einem Videoclip machte die Bundesregierung die sogenannten „Couch-Potatoes" zu besonderen Helden in der Corona-Krise: „Werde auch du zum Helden und bleib zuhause."

Erstaunlich

Palmströms Kopf geht ständig hin und her,
Denn an diesem Abend möchten er
Und von Korf zugleich auf zwei Kanälen
Sehen, wie die Menschen Viren zählen,
Aktuell im Land und regional
Und dazu auch international.
Korf will wissen, was die Schweizer machen,
Palmström intressieren deutsche Sachen.
Plötzlich zeigen zeitgleich beide Bilder
Szenen, die sich ähneln: Sprüche, Schilder
Sieht man Menschen tragen, die marschieren,
Und für Grundgesetze demonstrieren.
Denn es häufen sich in diesen Tagen
Immer mehr Kritik und laute Klagen,
Ob die Regeln überhaupt von Nutzen,
Um die Virenbrut zurecht zu stutzen?
Unvermutet müssen beide lachen,
Denn in Basel scheinen andre Sachen
Für die Menschen jetzt von Wichtigkeit,
Als der ständige Corona-Streit.
Während in Berlin die Leute fragen:
Wie kann die Regierung es nur wagen
Menschenrechte einfach abzuschaffen?
Kämpft in Basel-Stadt man für - die Affen!*

Korf, der Kluge, aber sieht darin,
Einen tief verborgnen, dunklen Sinn:
Möglich ists, dass der geschützte Geist
Von den Affen auch den Menschen speist,
Welcher seinen per Konzil verlor, **
Und seitdem nur noch als tumber Tor
Recht- und geistlos einfach akzeptiert
Dass man ihn nach Affenart dressiert.

*Im Oktober 2020, kurz vor dem zweiten Lockdown in Deutschland, stimmte die Bevölkerung im Kanton Basel-Stadt über eine Initiative ab, die nichtmenschlichen Primaten – also Affen – in der Kantonsverfassung generell ein Recht auf Leben, sowie auf „körperliche und geistige Unversehrtheit" garantieren will.

**Beim vierten Konzil von Konstantinopel im 9. Jhdt. wurde die Differenzierung zwischen Seele und Geist des Menschen aufgehoben. Der Mensch besteht nach diesem Weltbild seitdem nur noch aus Leib und Seele und nicht mehr aus Leib, Seele und Geist.

Auf den Hund gekommen

Um am Abend aus dem Haus zu kommen,
Hat sich Palmström einen Hund genommen,
Den er nächtens, gänzlich ungerührt,
Fröhlich pfeifend durch die Gassen führt.
Endlich kann er wieder Sterne sehen
Und am Tag auch in Geschäfte gehen,
Die bis jetzt ihm völlig unbekannt.
Denn es liegt natürlich auf der Hand,
dass auch Hunde auf ihr Futter hoffen.
Dementsprechend sind Geschäfte offen,
Welche Lebensmittel für das Tier
Zum Verkauf anbieten im Quartier.

Außerdem gibt's mehr Gelegenheit,
Für Gespräche in Corona-Zeit:
Statt am Abend ins Lokal zu gehen,
Kann man nun – mit Hund – an Ecken stehen.
Das erhöht für alle den Genuss,
Weil das Tier ja immer wieder „muss".
Sonntags geht die Muhme er besuchen,
Denn die bäckt jetzt gute Hundekuchen,
(In Ermangelung von Gasthaus-Gästen),
Aus den nicht verbrauchten Essensresten.

.

Manchmal lässt auch Korf sich abends sehen:
Um das Bußgeld listig zu umgehen,
Trägt er dann- kaum ist es zu ertragen -
Eine Hundeleine um den Kragen...*

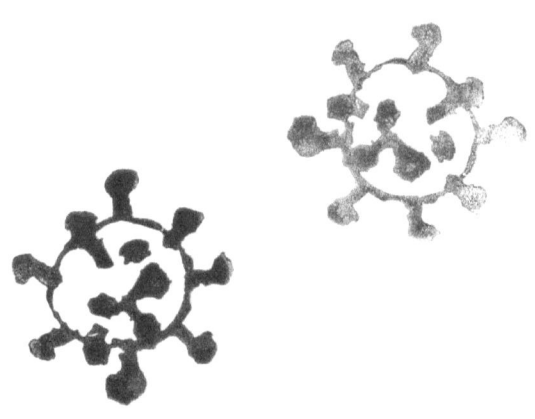

*Im Januar 2021 hat in der kanadischen Provinz Québec
eine Frau ihren Mann an der Leine „Gassi geführt", um
so die Ausgangssperre zu umgehen. Die Polizei bestrafte
diese Tat mit einem Bußgeld von jeweils 1200
Kanadischen Dollars.

Der Albtraum

Palmström wälzt sich in verschwitzten Kissen
Hin und her, und ohne recht zu wissen,
Ob er wach ist, oder schlafend träumt
Und vielleicht des Weckers Ruf versäumt?
Masken-Menschen, flüchtig wie Gedanken,
Sieht geduckt er durch die Straßen wanken.
In der Luft erscheinen als Schimären
Rote Kugeln, vollgespickt mit Speeren,
Die mit Hinterlist zu allen rollen,
Welche nichts als Atemholen wollen.
Palmström sucht verstört nach neuen Wegen,
Doch ein Schilderwald ragt ihm entgegen,
Der die Lebenslust verbieten will...
Und die Straßen sind gespenstisch still.
Manchmal nur erklingt ein dünner Ton
Aus den Düsen für Desinfektion.
Mensch und Viren werden ausradiert-
Palmström schlägt vor Schreck ganz ungeniert
Korf, der ihn aus diesem Albtraum rüttelt.
Er erwacht, sieht um sich und dann schüttelt
Fragend er den Kopf voll grausem Bangen:
Hält Corona unsre Welt gefangen?
Hat man uns das freie Sein verboten,
Oder waren`s Träume, die mir drohten?

Zögernd nur gibt Korf die Wahrheit preis,
Weil er um des Freundes Seele weiß.
Nein, spricht er, Corona ist vorbei- --
Doch er bremst des Freundes Freudenschrei:
Covid-19 war zwar letztes Jahr
Aber jetzt herrscht wiederum Gefahr:
Virologen haben MERS entdeckt
Und sich neue Pläne ausgeheckt.
Denn in nächster Zukunft wartet schon
Vielerlei an Viren-Mutation.
Um die Menschen nicht mit Tod zu plagen,
Hilft es nur, dem Leben zu entsagen.

Rasch macht Palmström sich fürs Bett bereit,
Denn kein Alptraum toppt die Wirklichkeit.

Die perfekte Welle

Palmström hört, dass eine neue Welle
Mit Corona-Viren auf die Schnelle
Sehr bedrohlich, dem Tsunami gleich,
Überrollen wird das Menschenreich.
Abermals verriegelt man die Türen
Überall sind Angst und Not zu spüren,
Wieder hält die Welt den Atem an,
Jäh erstarrend im Corona-Bann.

Korf jedoch, auf Neues stets bedacht,
Hat die Ängste einfach weggelacht:
Denn wer kundig ist, muss nicht ertrinken
Und mit jeder Welle tiefer sinken.
Es bringt mehr- und das ist nicht gelogen,
Mit Geschick zu nutzen diese Wogen.

Um der Not ein Ende zu bereiten,
Lehrt von Korf die Menschen Wellenreiten.
Und, auch wenn die Virologen toben,
Bleiben diesmal alle Bürger oben.
Dankbar surfen sie durchs Weltgewässer
Und bei jeder Welle geht es besser.

Doch für Alte, Kranke und die Schwachen
Braucht es, so denkt Palmström, andre Sachen.
Deshalb impft er sie auf einen Ruck
Altbewährt mit einem großen Schluck.
Flächendeckend trinken auf der Stelle
Alle Wasser von der großen Welle.
Es braucht Weitsicht, um sich mit den Viren
Lebensnah und klug zu arrangieren.

Der kategorische Konjunktiv

Palmström fühlt sich wie geschreddert,
Sprachlich irgendwie verheddert,
Denn seit langem gibt es nur
Noch ein Leben im Futur.
Jedem Menschen ist es klar:
Im „Womöglich" droht Gefahr!
Wartend auf die Viren - Welle,
Tritt ein jeder auf der Stelle.
Und was bisher Gegenwart,
Ist jetzt von ganz andrer Art.
Heißt „vielleicht", und „könnte", „würde"...
Palmström kann mit dieser Bürde
Durch die Welt der Möglichkeiten
Nicht mehr freien Herzens schreiten,
Da das einzige Motiv
Ist ein schnöder Konjunktiv,
Und, (vielleicht ist das die List?)
Nichts mehr wirklich **wirklich** ist.
Jedes Wenn, Vielleicht und Hätte
Bildet eine feste Kette,
Welche Mensch und Welt entartet,
Weil ein jeder nur noch wartet,

Dass nach irgendeiner Frist
Alles einfach wieder **ist**.
Palmström fragt, (man ahnt es schon),
Ob er selber nur Vision?
Und vielleicht im fernen All
Nur ein Hall und Widerhall,
Eines Lächelns Möglichkeit
In dem weiten Meer der Zeit?

Ungerecht?

Palmström will zur Bank, um vorzusorgen.
Deshalb geht er schon am frühen Morgen
Sehr beschwingt und schnell auf leichten Sohlen
In die Stadt, um etwas Geld zu holen.
Doch von Weitem sieht er schon die lange
In Geduld erstarrte Menschenschlange.
Denn es dürfen nur noch fünf Personen
In das Haus, um so den Rest zu schonen,
Vor dem Virus, das noch immer wütet,
So dass jedermann sich vor ihm hütet.

Es ist Winterzeit und furchtbar kalt...
Palmström merkt das leider ziemlich bald,
Schnee und Graupel decken alles ein
Und es friert inzwischen Stein und Bein.
Eine halbe Stunde steht er so
In dem kalten Eis-Wind und ist froh,
Als er endlich wieder Wärme fühlt,
Die ihm durch die Tür entgegenspült.
Niesend will er in das Bankhaus treten:
Doch sogleich wird er empört gebeten,
Dieses unverzüglich zu verlassen,
Denn für Kranke schließen alle Kassen.

Drohend drängt man schnellstens ihn hinaus
Und so schleppt er müde sich nach Haus...

Während fiebernd er im Bett versinkt,
Hustensaft und Milch mit Honig trinkt,
Richtet Korf, um künftig solche Pein
Zu vermeiden, Online-Banking ein.
Palmström aber geht es lange schlecht,
Und er findet es sehr ungerecht,
Dass er nur erkrankt, um die zu schützen,
Die mit Mantel, Schal und dicken Mützen
Still vergnügt am warmen Schalter stehen
Und dann Viren-frei nach Hause gehen.

Weihnachtsengel

Palmström liest verzagt beim Kaffeeschlürfen,
Was die Menschen Weihnachten nicht dürfen,
Und sein Blick ruht düster und gebannt
Auf dem rot straffierten Heimatland...
Wieder gelten nun für viele Sachen,
Welche Menschen gern im Winter machen,
Strenge Regeln- und statt buntem Treiben
Sollen alle nur zuhause bleiben.
Keine Chöre, Feiern, Krippenspiel-
Palmström wird das langsam viel zu viel...
Plötzlich aber stürmt er wutentbrannt,
(Immer noch die Zeitung in der Hand),
Zu von Korf, der still am Schreibtisch sitzt
Und Figuren für die Krippe schnitzt.
Schau! ruft Palmström in des Freundes Ohren,
Jetzt sind selbst die Himmlischen verloren!
In der Tat, die Zeitung zeigt im Bild
Schokoladen-Engel (Vollmilch, mild),
Und- was Palmström abgrundtief verschreckt:
Nase und auch Mund sind weiß bedeckt.
Masken aus Glasur für Engelscharen,
Die noch gestern frei und fröhlich waren?

Beide rätseln, ob jetzt auch dem Himmel
Droht der Viren schändliches Gewimmel.
Oder sollte man die Gottesboten
Zu den Arten zählen, den bedrohten,
die, vom Virus Mensch, schon infiziert,
Unbarmherzig wurden ausradiert?
Korf, der selber gern im Jenseits weilt,
Und mal hier, mal dort die Welt durcheilt,
Schlichtet Palmströms trauriges Entsetzen
Und zerreißt das Blatt in kleine Fetzen.
Er kennt gut die Blindheit dieser Welt,
Die sich selbst für klug und wissend hält.
Virologen können vieles sehen,
Aber Engel- - - nimmermehr verstehen!

Bibelstunde

Palmström ärgert sich und ist verdrossen,
Weil die Bücherei erneut geschlossen:
Alles hat er wiederholt gelesen,
Was im Bücherschrank versteckt gewesen.
Seufzend sucht er schließlich nach der Bibel,
In verstaubter Truhe unterm Giebel,
Denn er weiß: zur Zeit von Pandemien
Ist sie allen Werken vorzuziehen.
Wenn der Menschheit Krankheit, Angst und Not
Drohen, und am Ende gar der Tod,
Ist es gut, dass man das Testament
Und so manchen Ratschlag daraus kennt.

Konzentriert, bei mildem Kerzenschein,
Taucht er in die Welt der Wunder ein…
Und erfährt, dass vor den Viren-Scharen
Auch die Sachen nicht viel besser waren:
Aussatz, Lähmung und des Satans Frevel
Drohten überall mit Pech und Schwefel.
Doch am Morgen endlich ist geklärt,
Was in jedem Fall sich gut bewährt:
Staunend liest er, wer nur richtig glaubt,
Der wird weder krank noch ausgeraubt.

Glauben kann die Berge selbst versetzen,
Also wohl auch Virenbrut vergrätzen!
Korf, der Wissenschaftler, kanns nicht fassen,
Als der Freund ihn streng und ganz gelassen,
Bittet, seine Forschung zu beschränken,
Um stattdessen Viren umzulenken,
Ganz allein durch steten, treuen Glauben….

Palmström aber züchtet weiße Tauben,
Für den Frieden und natürlich für die Liebe
Und die allerersten Ölbaum-Triebe.
Nur aus Vorsicht - denn man weiß ja nicht,
Ob das Welten-Pandemie-Gericht
Einst die Not auf alte Weise wendet
Und der Menschheit noch die Sintflut sendet?

Gute Automaten

Palmström hört jetzt immer öfters sagen:
Gut sind Menschen, welche Masken tragen.
Gut auch jene, die stets Abstand halten
Und ihr Leben digital gestalten,
Ständig melden, was sie tun und treiben
Oder besser: ganz zuhause bleiben.
Doch die Besten aller Art und Klassen
Sind die Menschen, die sich impfen lassen.
Alle anderen sind dumm und schlecht
Und für diese jede Strafe recht.
Unversehens und durch viele Daten
Wird der Mensch zum guten Automaten,
der per Knopfdruck folgsam wird erfüllen,
was die Medien bereits enthüllen:
Eine neue Solidarität
Hat jetzt oberste Priorität.
Und statt menschlich, stümperhaftem Werden,
Baut man jetzt am Paradies auf Erden.

Palmström meint, vielleicht ists ja von Nutzen,
Egoismus so zurecht zu stutzen?
Korf jedoch verfolgt die andre Spur
Und spricht klar von weißer Diktatur.

Wer, so mahnt er an, drückt denn den Knopf
An dem neuen, digitalen Kopf?
Sollen jetzt die Gut-Mensch-Automaten
Uns in Sachen Menschlichkeit beraten?

Palmström aber denkt an Teddybären,
Die sich um den Knopf im Ohr nicht scheren…

Parallel - Welt

Palmström fühlt abrupt an seinem Herzen
Druck und eine Art diffuser Schmerzen.
Auch die Kehle scheint ihm sehr verengt,
So, als ob ein Golfball durch sie drängt.
Atemnot und Puls zweihundertzehn,
Alles wankt, kaum kann er stehn und gehn.
Korf sieht gleich, was seinem Freund passiert:
Er ist klaustrophobisch infiziert!
Durch die Masken und die Ausgangssperre,
Ist er nicht mehr seiner Sinne Herre.

Doch wie immer weiß er guten Rat
Und geht unverzüglich an die Tat:
Weil die alte Palmström nicht gefällt,
Baut er diesem eine neue Welt:
Weite Auen - in der Ferne Gipfel,
Links davon ein blauer Meereszipfel,
Wasserspiel und helles Morgenrot,
Ein Café - ganz ohne Sitzverbot!
Um das Alles sicher zu umkleiden,
Näht von Korf die Haut aus festen Seiden,
Welche runde Drähte gut umformen,
TÜV geprüft nach nationalen Normen.

Palmström stülpt das Ganze über Kopf,
Brust und Bauch bis hin zum Hosenknopf.
Glücklich atmet er die gute Luft,
die sein Freund getränkt mit Blumenduft.
Fortan lebt er in dem kleinen, feinen,
eignen Reich, als Kugel auf zwei Beinen.
Selbst die Virologen sind zufrieden,
Denn Kontakt mit Viren wird vermieden.

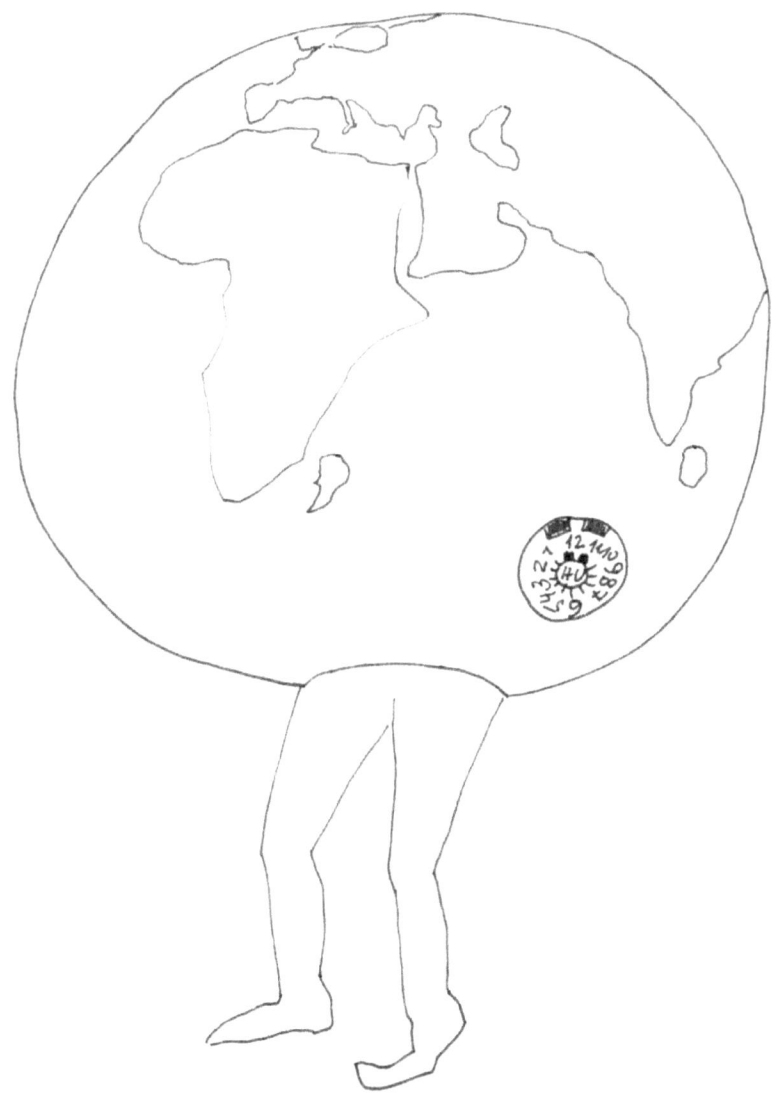

Schutz - Maßnahmen

Palma Kunkel, Palmströms Muhme,
Kaut auf einer Graubrot-Krume
Und schaut lustlos um sich her:
Wieder ist das Gasthaus leer.
Einsam steht ein kleiner Kuchen
Auf dem Tresen. Denn besuchen
Muss sie heute, (selbst bei Schnee),
Einen Nachbarn im Karree.
Dieser ist im ganzen Land
Nur als Grobian bekannt.
Niemals hört er auf zu sprechen:
Endlos will er weiterzechen,
Ständig schimpfend auf die Welt,
Welche ihm sein Glück verprellt.

Aber Palma hat versprochen,
Ihm ein gutes Mahl zu kochen,
Und es dann vorbeizubringen.
Dennoch muss sie mit sich ringen,
Wenn sie an die Stunden denkt,
Die so sinnlos sie verschenkt.
Doch dann glätten sich die Runzeln,
Listig fängt sie an zu schmunzeln:

Eben ist ihr eingefallen,
dass man neuerdings in allen
Fällen, (auch mit Bahn und Bus),
Punktgenau zu Haus sein muss.

Heiter geht um viertel acht
Palma Kunkel durch die Nacht
Bringt das Essen, spricht ein Wort-,
Und schon ist sie wieder fort.
Jedermann wird gut verstehen,
Dass es Zeit war, heimzugehen.
Später dankt sie Gott dem Herren
Für die klugen Ausgangssperren.

Maskenball

Fassnacht ist dies Jahr nicht teuer,
Denn mit Geldern aus der Steuer,
Wurden aus der ganzen Welt
Masken für das Land bestellt.
Nutzlos lagern sie in Hallen…
Deshalb fordert man von allen
Bürgern, um den Berg zu lichten,
Eigne Masken zu vernichten,
Und zum Teil auf Staates Kosten,
Nur noch die bestellten Posten
Aufzuziehn im ganzen Reich,
Dann sind alle Menschen gleich.
Denn das Individuum
Ist gefährlich oder dumm.
Keine Farben, keine Tupfen,
Und vielleicht auch nie mehr Schnupfen?

Palmström will das gar nicht passen,
Er verteilt in großen Massen
Farben, Stifte, bunte Kreiden.
Um die Gleichheit zu vermeiden,
Malt er einen Lächel-Mund
Auf das bleiche Maskenrund.

Dann lädt er zum Faschingsball:
Auf den Straßen überall
Sieht man die Maskierten stehen
Und sich um sich selber drehen.
Korf, der immer schon sehr helle,
Findet viele große Bälle,
Welche hübsch den Leib verzieren
Und den Abstand garantieren.

Ratsherrn, Presse, Polizei
Schweigen, als mit Freudenschrei
Zig Millionen freie Seelen,
(Ohne Regeln, die sie quälen),
Jetzt in ungeahnten Mengen
Durch der Städte Straßen drängen.
Und die Staatsregierung spricht,
Dass nach Virologen- Sicht,
Diese Fassnacht optimal
Und als Viren-Schutz ideal!

So wird allen, die als Narren leben,
Gleich ihr Freiheits-Recht zurückgegeben.

Schädlinge und Impflinge *

Palmström kommt zu Korfen auf Besuch,
(Im Gesicht ein Mund- und Nasentuch).
Dort sieht er den Freund mikroskopieren,
Im Bestreben, ernsthaft zu studieren,
Weshalb Menschennamen in den dumpfen
Zeiten von Corona plötzlich schrumpfen,
Und als Schäd- und Impfling auf den Listen
Der Regierungen ihr Dasein fristen?
Oftmals auch medial in Bild und Ton
So erwähnt, als gäb´s die Gattung schon,
Still verborgen, den Mikroben gleich,
Irgendwo real im Erdbereich.

Korf ahnt hier den Grund für eine Krise
Und nimmt sorglich eine kleine Prise
Staub und Blut, in welcher er entdeckt,
Was sich vor der Welt bisher versteckt.
Palmström, übers Mikroskop geneigt,
Staunt, als Korf auf kleine Wesen zeigt,
Welche winzig auf des Glases Schlieren
Vor der Linse hin- und hermarschieren.
Nun zum ersten Mal verifiziert
Und zugleich aufs Beste präpariert:

Hier der *Schädling*: wüst und wild zerzaust,
Welcher zornig durch die Gegend saust,
Unbelehrbar und trotz Virenplagen
Will er seiner Freiheit nicht entsagen.
Gegenüber diesem, in der Schlange
Sehr geduldig wartend und nicht bange,
Steht der *Impfling*, proper anzuschaun,
Gut erzogen und voll Gottvertraun.
Was von Korf so klug herausgefunden,
Macht sogleich im Wochenblatt die Runden.
Schnell schreibt Palmström einen Leserbrief
Mit Betreff: Hier ging doch etwas schief!
Erst verpönt man jede Art von Rassen,
Und jetzt teilt man Menschen in zwei Klassen?
Würdelos sind diese kleinen Wesen-,
Wie nur soll die Menschheit je genesen?
Doch die höchste Virologen-Stelle,
Nimmt Bezug auf die Corona-Welle:
Weil die Virus-Plage riesengroß,
Sei es jetzt der Menschheit künftig Los,
Sich als kleine Spezies zu bescheiden,
Um als Menschling weniger zu leiden.

*Die Endsilbe „-ling" hat in der Alltagssprache oft eine verkleinernde (Säugling) oder abwertende (Neuling, Feigling, Günstling, Wüstling) Bedeutung.

Natürliche Immunität

Manche Menschen mögen Palmström hassen,
denn er möchte sich nicht impfen lassen,
Sondern selbstbewusst und gottergeben,
Erst mal friedlich mit den Viren leben.
Doch die Menschen will er trotzdem schützen.
Deshalb fällt ihm ein, es könnte nützen,
wenn er sich natürlich infiziert
Und sich dadurch selbst immunisiert.
Er erinnert, als er klein gewesen
Und von Korf noch nicht vom Mumps genesen,
Er zum Freunde flugs ins Bett gestiegen,
Um die Viren ebenfalls zu kriegen.
Selbst Doktoren fanden dieses gut,
Und sie lobten Palmströms Kindermut.

Also sucht er überall Kontakt,
Dort, wo irgendwen ein Schnupfen packt.
Doch der gute Wille ist vertan,
Denn die Viren finden keine Bahn
In das Loch von Palmströms Nasenflügel…
Also meldet er sich auf dem Hügel,
Wo die Klinik steht, zum Helfen an,
Und man ihn sehr gut gebrauchen kann.

Sorglich pflegt er dort die alten Leute,
Welche, krank und einsam, leichte Beute
Sind, für Schwäche, Krankheit oder Tod,
Um zu lindern deren große Not.
Freundlich streichelt er die kalten Hände,
Singt ein Lied und wechselt die Verbände….

Doch nach sieben Wochen steht es fest:
Diese Pandemie ist keine Pest!
Palmström wird nicht krank- er bleibt gesund.
Die Patienten werden kugelrund,
Gehen heim und sind fortan genesen.
Später kann man in der Zeitung lesen:
Wie erstaunlich: Nähe, Liebe, Mut
Sind für Viren-Kranke scheinbar gut.
Jeder kann sich so immunisieren
Und die Rezeptur selbst ausprobieren.

Tierversuche

Impfen! Impfen! Schallt es durch die Welt
Und die Mäuse buddeln, was es hält,
Viele Gänge unter den Laboren.
Denn nur sie sind dazu auserkoren,
Das zu tun, was Menschen unterließen,
Die zu schnell den Impf-Erfolg verhießen.
Deshalb sollen sie die Qualität
Überprüfen, ehe es zu spät,
Um verfrühtes Impfen zu verhindern,
Ganz besonders bei den kleinen Kindern.
Sorglich wird die Ware ausprobiert
Und die schlechten Sorten aussortiert.

Korf und Palmström sitzen unter Felsen,
Gut verborgen und mit langen Hälsen,
Um zu sehen, wie die Mäuse flitzen
Und die Impfstoff-Dosen flugs stibitzen,
Die sie dann im Selbstversuch probieren
Und die Güte testen und studieren.
Korfens Hand hält, wie ein Dirigent,
Einen kleinen Stab – und alles rennt
Hin und her nach seinem klugen Raten.
Palmström aber sammelt viele Daten,

Um das Serum prüfend zu erfassen
Ehe es für Menschen zugelassen.
Mit den Mäusen geht das deutlich schneller...

Zeitgleich fragt man im Regierungskeller,
Wo die vielen Spritzen sind geblieben,
Die man doch so mühsam aufgetrieben?
Abermals verkündet die Regierung
Eine neue Impfstoff-Reduzierung.
Korf jedoch schreibt fleißig im Journal,
Eine Wahrheit, die vielleicht banal,
(Doch er hofft, die Menschen sehens ein):
Manchmal kann Geduld von Vorteil sein!

Palmström aber füttert unterdessen
Maus und Mäuserich mit gutem Essen.

Corona - Nostalgie

Palmström möchte keine Lockerungen:
Endlich ist es jetzt auch ihm gelungen,
Sich den Viren-Regeln anzugleichen,
Und sich selber völlig auszureichen.
Deshalb stört ihn Korfens Freudenschrei,
Der ihm sagt, Corona sei vorbei!
Muss er sich dem fremden Außen- Leben
Jetzt so unvermittelt übergeben?
Palmström grübelt zaghaft hin und her:
Soll er wirklich wieder zum Friseur?
Hat er sich doch an den Zopf gewöhnt,
Der von Korf und ihn dezent verschönt.
Essen gehen, wenn´s zu Hause schmeckt?
Freunde treffen, wo er doch entdeckt,
Wie bequem es ist, in alten Sachen,
Alles, was man will, daheim zu machen?
Lesen, Schreiben und ins Blaue träumen,
Bäder nehmen (mit verschiednen Schäumen),
Vögel füttern und die Pflanzen gießen,
Die seit einem Jahr so prächtig sprießen...
Das ist seine kleine, heile Welt,
Welche ihm inzwischen gut gefällt.

Aber einfach so ins Städtchen gehen,
Oder zwischen vielen Menschen stehen,
Leben nach der eignen, freien Wahl,
Scheint ihm plötzlich äußerst unnormal.
Korf will ihn vom alten Sofa ziehen,
Um dem langen Alptraum zu entfliehen.
Aber Palmström schüttelt nur den Kopf
Und schaut stumm auf seinen Blumentopf.
Nostalgie macht jäh sich in ihm breit
Für die gute, alte Viren-Zeit.

Problem erkannt...

Abermals kommt eine neue Welle
Mit Mutanten über Englands Schwelle
Angerollt- und Palmström ist entsetzt,
Dass man wiederum für Wochen jetzt
Schließt die Türen vor dem freien Leben,
Um den Viren keinen Raum zu geben.
Doch die Wellen steigen stetig weiter,
Mehren sich und werden immer breiter...
Und die Virologen zaubern Zahlen
Aus dem Hut für neuerliche Qualen.
Vielen Menschen steht das Wasser schon
Bis zum Hals-, denn ohne ihren Lohn,
Ohne Arbeit, Freiheit und Kultur
Fehlt der Lebensfreude schönste Spur.
Überschwemmung droht das Land zu fassen
Durch der Virenwellen Wassermassen.

Korfen watet durch die nasse Stadt,
Bis er endlich eine Lösung hat:
Mit den ersten Blicken sieht er schon,
Dass zu klein die Kanalisation.
Dieses scheint ihm jetzt des Pudels Kern:
Also fragt er an bei einem Herrn,

Der im Amt für Hoch- und Tiefbau schafft,
Ob man nicht sofort mit voller Kraft,
Klug mit tiefen Schächten und Drainage
Ändern könnte diese Bau-Blamage,
Um das viele Wasser loszuwerden,
Das erzeugt wird durch die Viren-Herden?

Eiligst fangen Bagger an zu graben,
Dass die Wellen freien Abfluss haben,
Viren endlich neue Wege finden
Und zuletzt im Ozean verschwinden.
Wiederum ward die Gefahr gebannt:
Wellen gibt es jetzt nur noch am Strand!
Trocknen Fußes schreitet froh und munter
Jedermann die Gassen rauf und runter,
Läden und Cafés sind wieder offen
Und die Menschen dürfen endlich hoffen.

Fette Beute

Korf und Palmström machen eine Wette:
Wer ab heute, in der langen Kette
Endlos wiederholter Viren-Zahlen,
(Und entsprechend immer neuen Qualen),
Wagt, das C-Wort hier, im eignen Haus
Auszusprechen: zieht den Beutel raus.
Und zahlt Strafzoll und zwar jedes Mal
Einen Euro. Das war Korfens Wahl.
Denn der findet, wenn sich die Gedanken
Immer um das gleiche Thema ranken,
Braucht es dringend für die Seele auch:
Die Hygiene für den Hausgebrauch.

Also wird ein Sparschwein angeschafft,
Groß und dick- jedoch trotz aller Kraft
Will es Palmström einfach nicht gelingen,
Die Corona-Worte zu bezwingen.
Ständig fliegen sie ihm in den Mund:
Wer ist krank, und was ist ungesund?
Wann sind die Geschäfte wieder offen?
Welcher Reisetraum lässt sich erhoffen?
Zögernd zahlt er schon beim Stundenschlag
Zwanzig Euro. Und am nächsten Tag

Sind es achtzig und so geht es weiter...
Korf dagegen zeigt sich äußerst heiter,
Denn er kann durch kluges Selbsterziehen
Jeder C- Wort- Falle leicht entfliehen.
Und so wächst das Schwein, wird rund und fett,
Palmström findet dieses gar nicht nett.
Endlich aber, (obwohl ungesund),
Klebt er sich ein Pflaster auf den Mund.
Korf jedoch, das sei ihm ungenommen,
Hat die Wette und das Schwein gewonnen.

Kleine Notlügen

Palmström und von Korf sind auf der Reise.
Dafür sind sie morgens still und leise
Durchs geöffnete Garagentor
Fortgerollt, (noch ohne den Motor).
Denn die Nachbarin hat gute Ohren
Und zeigt jeden an, der ungeschoren
Einfach so die Ausgangssperre bricht,
Die noch dauert bis zum Tageslicht.
Palmström sitzt vergnügt an Korfens Seite
Und so fahren beide durch die Weite,
Um den ganzen Tag an Berg und Seen
Einmal aller Enge zu entgehen.
Später dann, in einer Bäckerei
Holen sie sich Papp-Kaffee für zwei.
Mittags gibt es Hotdogs en passé,
Diese essen sie am schönen See.

Pünktlich wollten sie zuhause sein,
Doch schon bricht die Dämmerung herein.
Leider sind auch die Hotels geschlossen,
Palmström reagiert darauf verdrossen:
Niemals hätte er daran gedacht,
Dass er je in kalter Winternacht

In dem Auto, tief im Wald versteckt,
Nur mit einer Zeitung zugedeckt,
Ohne Heizung, Dusche und WC,
Fast erfröre unter Eis und Schnee.

Nächsten Tags, zur halben Mittagsstunde,
Machen sie im Heimatdorf die Runde.
Palma Kunkel bittet sie ins Haus,
Schimpft jedoch die beiden kräftig aus:
Warum habt ihr euch nur so verkrochen?
Und stattdessen nicht das Rad zerstochen?
In den Zeiten einer Pandemie
Braucht es Mut und etwas Fantasie!

Und schon zaubert sie in aller Ruhe
Eine Notfall-Liste aus der Truhe,
Wo geschrieben steht, was man so sagt,
Wenn die Polizei nach Auskunft fragt:
Ob der Hund, die Frau, ein Krankheitsfall
Oder Hilfe in des Nachbars Stall,
Autopanne und---das bringt Applaus:
„Meine Freundin warf mich aus dem Haus"…

Ja, die Muhme, die ist wirklich weise,
Korf freut sich schon auf die nächste Reise!

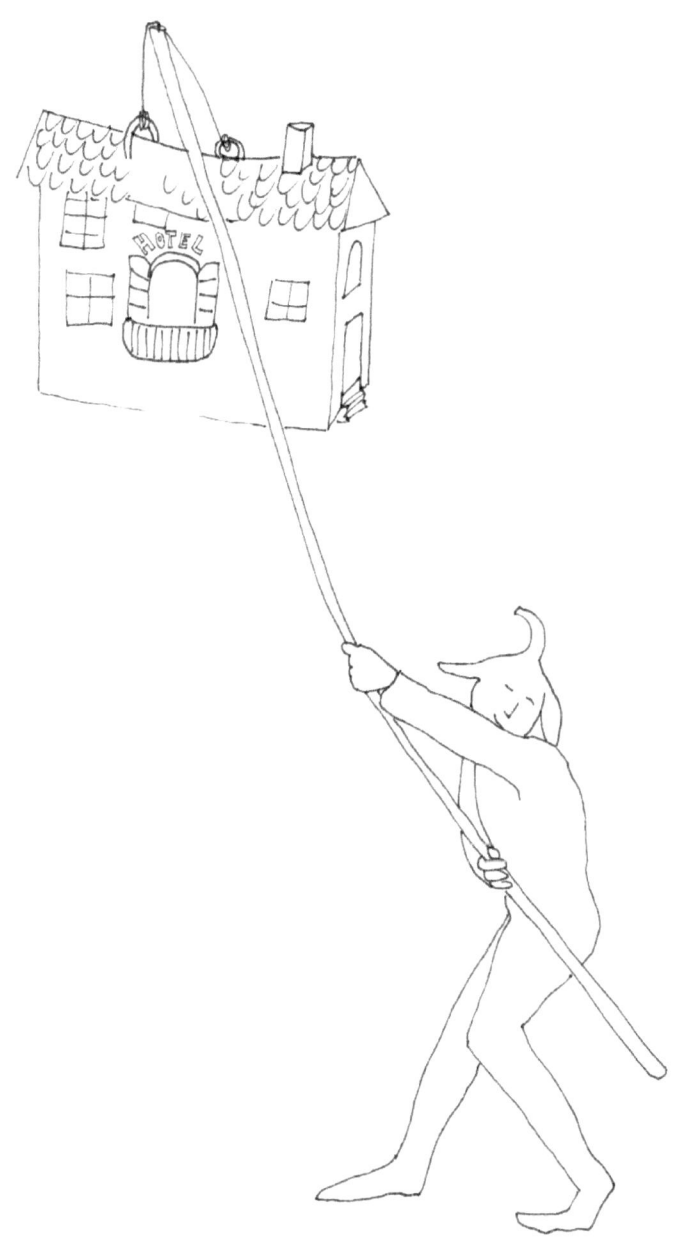

To go...

Korf denkt ungern an die kalte Nacht,
Die er mit dem Freund im Wald verbracht.
Grübelnd lässt er die Gedanken fluten,-
Was ist Menschen alles zuzumuten?
Kaffee, Essen nur am Wegesrand?
Noch mehr Plastikmüll im ganzen Land?
Frieren und Toilettengang im Wald,
Wo es matschig ist und auch sehr kalt…?

Flugs, mit Tinte und dem Federwisch
Setzt er sich an seinen Zeichentisch.
Gibt die Zahlen in Maschinen ein,
Denkt und bastelt stundenlang allein,
Konstruiert mit Drucker und Patronen
Wand und Dach für ein bequemes Wohnen.
Bald ist das Hotel to go erfunden
Und macht schnell bei Reisenden die Runden!
Am Computer kann man einfach suchen,
Welche Qualitäten sind zu buchen:
Einzel, Doppel, Dusche oder Bad,
Korf weiß immer einen guten Rat.
Palmström fügt noch den Balkon hinzu,
Dann hat auch die Raucher-Seele Ruh.

So entstehen wundersame Räume
Für des Menschen schönste Reise-Träume.
Ob am Meer, auf Gipfeln und im Tal:
Jedermann hat seine freie Wahl.
Eine Karte nur, ein kleiner Klick
Und schon funktioniert der Reisetrick:
Schnell baut sich ein feines Gästehaus
Und sieht hübsch und sehr gemütlich aus.
Dieses trägt man, der Laterne gleich,
An der Stange in sein Ferienreich.
Reist der Kunde ab, zerfällt es leise,
Ganz nach seiner eignen Zauberweise.
In der Umwelt und in der Natur
Hinterlässt es nicht die kleinste Spur.

Klug, kontaktlos, und nach allen Regeln
Lässt sich so die ganze Welt umsegeln.

Tristesse (Spirale abwärts)

Palmström sieht die Regenfluten,
(Sicher hilfreich und zum Guten
Für den Wald und die Natur),
Unablässig ihre Spur,
Grau und nass am Fenster ziehen,
Und er kann trotz aller Mühen
Seine Seele nicht enthalten,
Mit dem düsteren und kalten
Winterwetter sich zu einen,
Denn der Tiefdruck, will ihm scheinen,
Drückt auch schwer auf Leib und Leben,
Und so lässt er sich ergeben
In den dunklen Abgrund fallen,
Der da lauert, nur um allen
Menschen einzuflüstern dies:
Schau, das Leben ist doch mies,
Niemals wird es besser werden,
denn die dummen Viren-Herden
Und die klugen Virologen
Schicken immer neue Wogen,
Um den Lebensmut zu schwächen
Und sie werden jeden rächen,
Der sich einfach so entzieht
Und nach Tansania flieht...
Palmström fasst sich an den Kopf,
Zieht sich dann am eignen Schopf
Aus dem Sumpf der Depression
Und bekommt sogleich als Lohn
Von Freund Korf die Lutschpastillen,
Welche jede Trübsal stillen.

Glück *(Spirale aufwärts)*

Palmström hüpft auf einem Bein,
Das soll gut für alles sein.
Im Stakkato, rück und vor,
Stampft er den Gefangnen- Chor,
Läuft ein Stückchen auf den Händen,
Malt und kritzelt an den Wänden,
Überstreicht dann alles neu-,
Kauft Kaninchen ein, samt Heu,
Probt den Kopfstand, purzelt Bäume,
Schreibt Gedichte über Träume,
Zieht verkehrt die Socken an
Lacht so laut wie er nur kann,
Übt französisch zu parlieren
Und als Fähnrich zu marschieren.
So erfindet er sich neu,
Trennt den Weizen von der Spreu,
Schlägt den Fernseher entzwei,
Fühlt sein Herz und atmet frei,
Kocht chinesisch, keltert Wein
Und lädt Korf zum Essen ein.
Tritt dann Tau am nächsten Morgen
Und vergisst die Viren-Sorgen,
Für den ganzen langen Tag.
Bis zum Abend-Glockenschlag:
Tut der Mensch das, was er will,
Dann hält selbst Corona still.

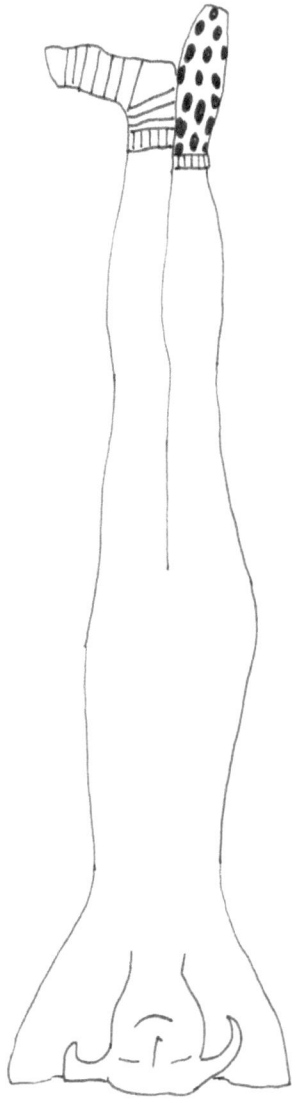

Blind?*

Weil Besuche in den Stadt-Museen
Nur mit Meldung und mit Maske gehen,
Holt sich Pamström schließlich als Ersatz
Einen Bilderband zum Sofa-Platz.
Sinnend blickt er auf die Stein-Figuren,
Aus den großen alten Weltkulturen.
Aber plötzlich starrt er wie gebannt
Auf Justitia, die in ihrer Hand
Eine Waage hält, die nach dem Recht
Abwägt, was ist gut und was ist schlecht.
Doch die Augen hat man ihr verborgen,...
Palmström macht das ziemlich große Sorgen.
Denn, so fragt er, ist nicht klare Sicht
Dieser Göttin allererste Pflicht?
Ist vielleicht die Blindheit die Erklärung
Für der Zeiten zweifelhafte Währung?

Palmström denkt, das, was im letzten Jahr
In der Welt geschah, nicht rechtens war:
Wo stand jemals irgendwo geschrieben,
Dass man Rentner von der Bank vertrieben?
Oder Polizisten Kinder jagen,
Die beim Rodeln keine Masken tragen?

Bußgeld droht, weil man sich nicht getestet
Oder maskenlos die Luft verpestet?
Gibt es Recht nur noch im Krankheitsfall,
Sind Gesetze nur noch Rauch und Schall?
Wenn ein Mensch gesund, und ohne Zeichen
Von Erkrankung ist, soll das nicht reichen,
Für ein ganz normales, freies Leben,
Das man jedem Wesen mitgegeben?
Zornig nimmt er einen roten Stift
Und malt sorgsam und mit feiner Schrift
Auf die zugebundnen Augenlider:
Es ist Zeit, dass diese Dame wieder
Ihre Augen öffnet für die Not,
die mit Unrecht alle Welt bedroht.
Warum steht sie mit dem Schwert bereit
Und kämpft nicht für die Gerechtigkeit?
Als am Morgen er von Korf die Schande
Zeigen will in seinem Bilderbande,
Lässt ein Freudeschreck ihn wieder hoffen:
Denn die Göttin hat die Augen offen.

*Die drei Attribute der römischen Göttin Justitia: Augenbinde,
Waage und Richtschwert sollen verdeutlichen, dass das Recht
ohne Ansehen der Person (Augenbinde), nach sorgfältiger
Abwägung der Sachlage (Waage) gesprochen und schließlich
mit der nötigen Härte (Richtschwert) durchgesetzt wird.

Die Einwanderungs-Behörde

Palmström liest beim Frühstück vor,
Wie der mediale Chor
Morgens schon die Menschen wecken
Will mit neuerlichen Schrecken:
Ob von Norden oder Süden,
Hört man von der nimmermüden,
Bösen Virus-Mutation,
Die sich als Coronas Sohn
Rasch vermehrt in hohen Zahlen.
Und die nahen Kanzler-Wahlen
Nutzen die Gesundheits-Herren
Für erneute Ausgangssperren...

Korf beginnt sofort zu denken,
Diese Viren umzulenken.
Während Palmström eifrig nickt
Und die Zeitung knüllt und kickt,
Ist er äußerst angetan
Von des Freundes neuem Plan:
Dieser möchte die Mutanten,
So erfassen wie Migranten,
Intention und auch Gebaren,
Herkunft, Grund und Ziel erfahren,

Um mit vielen, langen Listen,
Dann die Viren-Terroristen
An den Grenzen zu erkennen
Und nach Arten zu benennen.

Schon bei Fuß steht ein Minister
Für das Menschen-Schutz-Register.
Digital ist jetzt zu sehen:
Wer darf bleiben, wer muss gehen?
Sind die Stacheln gelb, schwarz, rot?
Droht hier etwa Mord und Tod?
Welche Form und welche Rasse,
erste, zweite, dritte Klasse?
Falls sie illegal gekommen,
Oder der Kultur nicht frommen,
Wird ihr Status aufgehoben
Und sie werden abgeschoben.
Also lässt man die Mutanten,
Deren Kinder, Onkel, Tanten,
(Ordnung muss ja schließlich sein),
Einfach nicht ins Land hinein.
Staatenlos und vogelfrei
Irrt die ganze Virerei
Einsam durch den Weltenraum,
Wie ein längst vergessner Traum.

Der neue Look

Sehr zerzaust, mit viel zu langen Locken,
Sieht man Korf und Palmström traurig hocken
Auf der Gartenbank in der Natur,
Nach vier Monaten SARS-CoV-Klausur.
Palmström zwirbelt still an seinen Haaren,
Während Korf mit seltsamem Gebaren
Einen Hut auf seine Mähne zwingt,
Was ihm allerdings nicht gut gelingt.
Da erklingt ein heller Freudenschrei:
Palma Kunkel nähert sich mit zwei
Dicken Zöpfen auf den Schmunzel-Falten,
Die ihr Antlitz jugendlich gestalten.
Strahlend meldet sie mit frohem Hoffen:
Morgen sind Friseure wieder offen!
Und sie habe für den Freitag schon
Den Termin gemacht am Telefon.
Für den Fall der Fälle gleich für drei,
Nah am Marktplatz, mittags um halb zwei.

Dorthin ist der Fußweg nicht sehr weit,
Die Gehilfen stehen schon bereit.
Bald sind alle Haare gut gewaschen,
Die Friseuse greift in ihre Taschen,

Hält dann inne und fängt an zu klagen,
Als Politiker im Radio sagen,
Dass, - weil eine neue Welle naht,-
Man jetzt nach der Virologen Rat
Wiederum im ganzen Stadtgebiet
Schnell die Bremse für den Notfall zieht.
Schon ab Montag früh sei alles zu
Für die österliche Viren-Ruh!

Eilig ändert Palmström das Programm
Schiebt beiseite Schere, Bürste, Kamm
Und entscheidet sich - ganz auf die Schnelle -
Für die aktuelle Dauerwelle:
Pflegeleicht und Pandemie-modern!
Korf und Kunkel folgen ihm sehr gern.
Jedermann greift diese Mode auf,
die Friseure arbeiten zuhauf,
denn die Virenwellen werden dauern,
Weil am Horizont Mutanten lauern.
Deshalb ist es klug, die nächsten Zeiten
Gut gewellt durch den Lockdown zu schreiten.

Zoologie I

Korf und Palmström tut es leid,
Dass der Zoo seit langer Zeit,
Wie so vieles, bleibt geschlossen,
Denn sie haben es genossen,
Jeden Sonntag vor den Tieren
In der Sonne zu flanieren.

Weil zur Zeit der Viren-Not
Oft die Langeweile droht,
Baut Korf einen Bildkanal
Und versucht dort digital,
Jene Tiere zu kreieren,
Die entstanden sind durch Viren:

Erst- im langen Zottelrock-,
Kommt der Viren-Sündenbock
Und der Medien-Papagei
Plustert sich mit Warn-Geschrei.
Dann der Esel, grau verstaubt,
Der dem Papageien glaubt.
Schließlich auch die Menschenherde:
Opferlämmer dieser Erde...

Hinter diesen packt am Wickel
Man die Impf-Versuchs-Karnickel.
Ganz zuletzt sieht man drei Affen
Stumm und taub ins Leere gaffen:
Zeugen sind sie der Geschichte,
Doch man nahm ihr Augenlichte.

Angesichts der neuen Plage,
Stellt von Korf sich nun die Frage,
Ob die wirklichen Gefahren
Sich nicht dadurch offenbaren,
Dass mit den Corona-Viren
Menschen jetzt zum Tier mutieren?
Dieses scheint ihm interessant
Für des Vaterlands Bestand.
Doch egal, was Korfen meint:
Palmström sitzt nur da und weint.

Zoologie II

Korf bedauert Palmströms Tränen,
Wollte er doch nur erwähnen,
Dass die Zeit der Pandemie
Liefert ihm ein Potpourri
Für die großen Forschungsfragen,
Die es gilt, jetzt einzuklagen.
Um dem Freunde Trost zu spenden,
Will er schnell das Elend wenden.
Deshalb baut in seinem Garten
Er den Gnadenhof für Arten
Aller neuen Tier- Mensch- Gruppen,
Und in seinem alten Schuppen,
Fachgerecht, man ahnt es schon,
Die Mutanten- Hilfsstation.

Selig zupft der Bock am Strauch,
kratzt die Viren sich vom Bauch.
Und die Lämmerherden grasen
Auf dem frischen, grünen Rasen.
Zwischen ihnen voller Wonne
Kaut der Esel in der Sonne
Zahnlos seinen Haferbrei.
Und die Affen mit Geschrei

Balgen sich um bunte Brillen,
Und nach ihrem eignen Willen,
Ließ man klug in ihre Ohren
Feine Hörgeräte bohren.
Die Kaninchen- frisch entimpft-
Werden grade ausgeschimpft,
Weil sie munter tollen wollen,
Sich jedoch noch schonen sollen.

Oben schwirrt der Papagei
Und krächzt laut: Es ist vorbei!
Endlich können jetzt gesunden
Mensch und Welt von ihren Wunden.
Froh klatscht Palmström in die Hände,
Denn er liebt ein gutes Ende.

Puppentheater *

Korf und Palmström staunen immer wieder,
Dass seit einem Jahr die gleichen Lieder
Über Viren-Zahlen, Not und Sterben,
Sprechen von Verboten und Verderben,
Und dazu gibt es die gleichen Bilder:
Särge, Kranke und die Regel- Schilder...
Ist es die Vernunft, die dies diktiert,
Dass, wenn fünf Prozent sich infiziert,
Die Gesunden auf ihr Recht verzichten,
Oder klagen müssen vor Gerichten?
Palmström fragt sich, wie es möglich ist,
Dass noch immer, nach so langer Frist,
Dieses monotone Wiederholen,
(Das die menschliche Vernunft gestohlen),
Tönt durchs ganze Land wie alte Platten,
Wenn sie einen tiefen Kratzer hatten.
Haben das die Sprecher einstudiert
Und dann für die Bühne inszeniert?

Diese Frage nimmt auch Korf die Ruhe.
Schleunigst steigt er in die Reiseschuhe,
Und die beiden fahren in die Stadt,
Wo der Landtag seine Sitzung hat.
Presseleute warten sehr erregt
In den Gängen, ob sich was bewegt.

Und sie klatschen Beifall, als man wieder
Postuliert die gleichen Viren-Lieder.
Korf und Palmström schmuggeln sich dazwischen,
Suchen hinter Vorhang, Stühlen, Tischen,
Einen Durchgang hinter die Kulissen,
Beide stolpern über alte Kissen,
Als sie endlich dunkle Stufen finden,
Die sich hoch empor zum Dachstuhl winden.

Palmström stutzt: an dünnen, langen Drähten,
Festgezurrt mit technischen Geräten,
Hängen Presse und das Parlament,
Dessen Ruf und Namen jeder kennt.
Beide sehen, wie die Puppen tanzen,
Klein und groß durch allerlei Instanzen:
Täglich spielen sie das gleiche Stück,
Von der Virologen Macht und Glück.
Doch obwohl sie eifrig um sich spähen,
Lässt sich leider nicht sehr deutlich sehen,
Wer und wie hier Draht und Fäden zieht...
Wütend naht ein Wachmann. Und so flieht
Eilig das berühmte Freundespaar
Vor der drohenden Arrest-Gefahr.

* *Wer hinter die Puppenbühne geht, sieht die Drähte.*
(Wilhelm Busch)

Ab die Post

Palmström hört von neuen Lockerungen
Und er freut sich, denn es scheint gelungen,
Dass man endlich auch auf jene hört,
Deren Leben nicht SARS-CoV zerstört,
Sondern ein beschränktes Fokussieren,
Durch das nur noch auf Corona Stieren.
Doch als sie das Regelwerk verkünden,
Sieht er abermals die Hoffnung schwinden:
Fünf Pakete wurden jetzt geschnürt,
Aber unklar bleibt, wohin das führt:
Alle Zahlen wurden neu sortiert,
Je nachdem, wer, wo sich infiziert,
Drinnen, draußen, ein Mensch oder zwei,
Mal mit Meldung, manchmal aber frei…
Meter nach Quadrat gilt es zu zählen,
Die sich ändern, wenn die Viren quälen,
Aber auch, wenn sie sich reduzieren.
Das heißt rechnen und dann ausprobieren,
Bis vielleicht nach der Drei-Tage-Frist
Alles wiederum geschlossen ist.

Leider lässt sich auch nicht übersehen:
Regeln bleiben weiterhin bestehen.
Keine Hoffnung auf Normalität,
sondern Angst und Chaos, früh bis spät.
Palmström klagt von Korf der Welten Weh,
Und sofort hat dieser die Idee,
Unverzüglich nach Berlin zu fahren,
Um maskiert mit allerlei Gebaren
In der Poststation der großen Stadt,
Nachzuschaun, wer die Pakete hat.

Also schleichen, schauerlich gestaltet,
Sie ins Haus, wo man die Post verwaltet
Und entdecken, zum Versand für morgen,
Fertig, die Objekte ihrer Sorgen.
Eilig ändert Korf die Adressaten
Und lässt sich von Palmström gut beraten.
Alles wird jetzt sorgsam umfrankiert:
Ab die Post! Dann reisen ungeniert
Fünf Pakete durch die ganze Welt,
(Gut geschnürt und pünktlich zugestellt),
In die Länder, wo der Pfeffer wächst.
Während man in Deutschland, wie verhext,
Viele Monde sucht nach den Beschlüssen,
Welche die Regierenden vermissen.

Doch umsonst. Die Ware bleibt verschollen.
So verkündet man, die Menschen sollen,
Eine Weile ohne Regeln leben,
Bis das Diebesgut zurückgegeben.
Doch in Afrika und Turkestan
Schaut man staunend die Pakete an.
Schnürt sie auf, erkennt die Wirrwarr-Sachen,
Und benutzt sie dann zum Feuermachen.

Der Viren - Flummy

Korf liest grübelnd in der Tageszeitung
Von der Viren schändlicher Verbreitung
Und wird plötzlich magisch angezogen
Durch ein Bild auf halbem Zeitungsbogen,
Welches das Corona-Virus zeigt,
Riesengroß und stachelig verzweigt.
Hässlich anzusehen, leuchtend rot,
Macht es Werbung für die Covid- Not.
Palmström stöhnt: die Zeiten werden schlimmer!
Und verlässt dann aus Protest das Zimmer.

Korf jedoch hat plötzlich die Idee,
Wie zu heilen wäre alles Weh.
Deshalb schließt er sich im Keller ein,
(sehr geheimnisvoll und ganz allein),
Um durch alchemistisches Bedenken
Selbst den Pandemie-Verlauf zu lenken.
Tag und Nacht rührt er in großen Töpfen
Und kann endlich das Ergebnis schöpfen.
Fröhlich nimmt er Düse und Tinktur,
und zieht durch die Lüfte eine Spur
Mit der fein versprühten Ursubstanz.
Allsogleich beginnt ein wilder Tanz:

Milliarden Viren hüpfen munter
Durch die Luft – hinauf und dann hinunter.
Doch, (und das ist reinstes Forscherglück),
Alle springen wiederum zurück,
Wenn sie irgendetwas nur berühren,
Und den Widerstand der Luft verspüren,
Bis, durch klug erdachte Klebe-Fallen,
Sie sich kugelrund zusammenballen.
Schon beginnen Kinder mit den vielen
roten Gummibällen froh zu spielen.
Doch durch Korfens Genialität
Steigert sich die Elastizität,
so dass jeder Sprung der Schwerkraft wehrt
Und mit voller Kraft gen Himmel fährt.
Wie ein ungestümer Feuerball
Stürzt Corona dann ins Weltenall.

Märchen weben sich um diese Tat!
Jeder bittet Korf um seinen Rat.
Ernsthaft überlegt man ungeniert,
Ob er wohl als Kanzler kandidiert?
Palma Kunkel aber schwört, dass SARS
Leuchtet jetzt im roten Licht vom Mars!

Doktor Palmström

Da sich Korf so glänzend profiliert,
Setzt sich Palmström hin und - promoviert.
Sechzig Wochen hat er Tag und Nacht
Nur an Viren, Not und Tod gedacht.
Doch das ABC der Pandemie
Ist ihm eine gute Garantie,
Dass er bald in äußerst kurzer Zeit
Für den Doktortitel schon bereit.
Vor- und rückwärts kann im Schlaf er nennen,
Was sonst nur die Virologen kennen:
Namen, Farben, Zahlen der Mutanten,
Rund und eckig, stachelig, mit Kanten,
Inzidenz- und R- Wert, Sterbequote,
Alles, was zuletzt die Welt bedrohte...
Und man mag ihn einen Streber schimpfen-
Weltweit kennt er jeden Stoff zum Impfen,
Worte, deren Sinn er nie verstanden,
Kennt er jetzt in aller Sprachen Landen,
Ohne Fehler kann er buchstabieren,
Wie die Exponenten infizieren.
Palmström dankt der Viren-Pandemie,
Die ihm Bildung brachte wie noch nie.

Lässig macht er deshalb eins, zwei, drei
Schnell noch das Latinum nebenbei,
Schreibt ein Buch, sehr dick und auch recht gut
Und nimmt glücklich seinen Doktor-Hut.
Kanzler Korf entscheidet äußerst schnelle,
Dass die freie Ministeriumsstelle
Für Gesundheit seinem Freund gebührt.
Palmström dankt. Und fühlt sich sehr gerührt.

Das Grusel-Kabinett

Zur Erinnerung an schwere Tage,
Sieht sich Korf als Kanzler in der Lage,
Ein Museum für die Zeitgeschichten
Im Palais der Hauptstadt zu errichten.
Palmström findet dies famos und nett.
Er schlägt vor, ein Grusel-Kabinett
In das große Haus zu integrieren.
Also fangen sie die letzten Viren,
(Denn inzwischen ist die Welt entseucht,
Weil Corona doch zum Mars entfleucht),
Destillieren sie mit rotem Wein,
Pumpen etwas Gas und Luft hinein:
Schwebend, ohne Infektionsgefahr,
Tanzen sie im Raum ganz wunderbar.

Nebenan sieht man wie Spinnen flitzen
Und ihr mediales Gift verspritzen,
Sich verheddernd in den eignen Netzen,
Durch ein digitales Weltall hetzen.
Außerdem hat Korf dort installiert
Einen Tausendfüßler, der probiert,
Sich nach Inzidenz-Wert zu bewegen,
Doch die Füße können sich nicht regen:
Zahlenmassen rücken ihm zu Leibe...
Traurig glotzt er durch des Glases Scheibe.

Mittendrin lockt die Gespensterbahn
Klein und Groß auf ihren düstren Plan:
Virologen drohen, Masken ziehen Fratzen,
Manchmal klatscht ein Virus mit den Tatzen.
Doch statt täglicher Desinfektion,
Gibt es Brause mit Sirenenton.

Zu der Menschen Freude steht am Ende
Eine Druckmaschine für die Wende
Der Corona-Not, und die spuckt Geld:
Schein und Münzen, wie es nur gefällt.
Laut, mit „Wumms" und ohne Formular
Zahlt sie alle Schulden gleich in bar.
Palma Kunkel lässt sich auch nicht bitten:
Sie teilt Kuchen aus und kleine Schnitten
Und lädt lächelnd alle Menschen ein
Für ein munteres Beisammensein.

Die blaue Blume

Gut verborgen in der Gartenecke,
Hinter einer dichten Buchsbaum-Hecke,
Liegt ein kleines Grab in Palmströms Garten,
Wo von Korf und er im Wechsel warten,
Ob nicht irgendwann die Frühlingskraft
Hier im Schatten neues Leben schafft.
Still und ernst, mit einem Ritual,
Ganz erfüllt von ihrer Herzen Qual,
Trugen sie das menschliche Gewissen,
(Eingebettet in die Rasenkissen),
Dort zu Grabe, weil im letzten Jahr
Nirgendwo die Rede davon war,
Welchen ungeheuer großen Schaden
Man den Menschenseelen aufgeladen,
Als man nur noch auf die Viren schaute
Und dem Leben seinen Weg verbaute.

Endlich finden sie die kleine Blume,
Gut genährt durch weiche Kompost-Krume:
Ihre blauen Blätter hält sie offen,
Und das goldne Herz lässt beide hoffen,
Dass ein Wunder in der Welt geschieht,
So wie es sich hier am Ort vollzieht.

Leise regt sich jetzt das Weltgewissen
Zwischen immergrünen Rasenkissen,
Tief verborgen in der Gartenecke,
Hinter Palmströms dichter Buchsbaum-Hecke.
Beide wollen diese Blume pflegen,
Sich zur Freude und der Welt zum Segen.

Neue Regeln

Palmström und von Korf regieren
Jetzt das Land. Und alle Viren
Wurden freundlich eingebettet,
(Und das hat die Welt gerettet),
In ein Leben, das Natur
Mischt mit Seelen-Geist-Kultur.
Denn Erkrankung oder Tod
Bringen nicht nur Angst und Not,
Sondern auch des Daseins Sinn,
Manchmal Prüfung, mal Gewinn.

Deshalb gelten ab sofort
Neue Regeln hier am Ort:
Händeschütteln wird zur Pflicht,
Und ein Lächeln im Gesicht,
Unverstellt und unverborgen,
Soll für warme Herzen sorgen.
Tanzen, Singen, Späße machen,
Kinderspiel und lautes Lachen
Findet Doktor Palmström gut
Und schwenkt glücklich seinen Hut.
Kanzler Korf bringt feine Seifen,
Dass die Menschen jetzt begreifen,
Statt sich zu desinfizieren,
Hilft auch Waschen gegen Viren.

Für die Alten gibt es Paten,
Welche helfen und beraten,
Krankenhäuser erster Klasse
Baut man jetzt in großer Masse.
Gelder werden umgeschichtet:
Wer Musik macht, malt und dichtet,
Menschen hilft und Menschen pflegt,
(Das hat Palmström angeregt),
Erntet jetzt den höchsten Lohn.
Und, - das wünscht man lange schon:
Wer regiert, bekommt sehr wenig,
Dafür ist er Landeskönig!

Ja, der Untergang war nah,
Doch der **Mensch** ist wieder da!

...danser encore !

Verzeichnis der Gedichte

Barbara von Stryk

Palmströms Tagebuch in Zeiten von Corona
Virologie in Versen

Mit Zeichnungen von Evelyne Golombek

Der erste Band der Palmström-Abenteuer ist im Juli 2020 bei Verlag & Druck **tredition** GmbH, Hamburg erschienen:
ISBN: 978-3-347-10320-7 (Paperback)
978-3-347-10321-4 (Hardcover)
978-3-347-10322-1 (e-Book)
Die Coronakrise hält die Welt in Atem. Warum nicht einmal aus anderem Blickwinkel auf die Fragen unserer Zeit schauen, die so gravierend in unser Leben eingegriffen haben? Viele unterschiedliche Gesichtspunkte wurden in die originellen Texte eingearbeitet. Es ist ein Buch zum Schmunzeln, Staunen, aber auch zum Nachdenken über ein Geschehen, dem die meisten Menschen hilflos gegenüberstehen. Die feinen und warmherzigen Illustrationen ergänzen die Verse und machen das Buch zu einer kleinen Kostbarkeit.

FSC
www.fsc.org
MIX
Papier | Fördert
gute Waldnutzung
FSC® C083411

Zeitfracht Medien GmbH
Ferdinand-Jühlke-Straße 7
99095 Erfurt, Deutschland
produktsicherheit@kolibri360.de